Comprendre l'émotion

Maurice Moulay - Thomas Rebischung

Comprendre l'émotion

Max Milo
COMPRENDRE/ESSAI GRAPHIQUE

« Comprendre », une collection dirigée par Luis de Miranda
© Max Milo Éditions, Paris, 2011
www.maxmilo.com
ISBN 978-2-31500-303-7

1

Qu'est-ce qu'une émotion ?

Une définition difficile quand elle se distingue du simple vécu de la personne. À l'interface entre le psychique et le somatique, le mental et le corps. Les émotions de base consensuelles.

L'ÉMOTION EST UN PHÉNOMÈNE BIEN ÉTRANGE. POURTANT, ÊTRE ÉMU EST UNE CHOSE ORDINAIRE POUR TOUT UN CHACUN. Disons d'abord que ce que nous ressentons de nos émotions avec notre perception des situations constitue ce que nous appelons habituellement le vécu. **Émotion plus souvenir visuel constituent le vécu subjectif d'une situation,** un incident, un événement. Mais l'émotion ne se réduit pas au vécu d'une personne, encore moins à la photographie que cette personne a de l'événement. Loin de là. Elle est aussi attachée à un souvenir, évocation d'un passé subjectif, voire à l'évocation d'une simple image fantasmagorique, un fantasme, une scène dans laquelle nous n'avons jamais été impliqués, mais qui nous assaille à l'occasion d'un *autre* événement. Qui n'est pas ému par la vue d'une mère tenant son enfant serré contre elle en l'allaitant ? Ou par un enfant qui apprend à marcher ? Ou bien un film qui nous rappelle des souvenirs personnels ? Autant de situations que nous avons vécues ou que nous aurions *pu* vivre. Dimension collective donc, souvent, mais aussi personnelle.

Si sur le plan collectif les émotions ont pour fonction de préserver la survie (eh non, nous ne survivons pas grâce à notre cortex, mais à notre cerveau émotionnel !) et les liens positifs dans le groupe (avec des émotions positives, s'entend), qu'en est-il sur le plan personnel ? Qu'est-ce que l'émotion pour l'individu dans les situations qu'il traverse, qui le traversent ?

* C'est tout d'abord le *corporel*. Notre corps fonctionne comme une signalétique, des signes qu'il faut savoir lire : la boule au ventre du contrarié, la pâleur du sujet tenaillé par la peur, la rougeur et les vaisseaux sanguins apparents chez le colérique, le poil hérissé de la personne horrifiée, les rides des yeux du rieur, et le cortège de signes d'émotions qui submergent la personne qui fait face à une situation inattendue : paralysie soudaine (catatonie), sudation inapparente (réflexe électroder-mique), malaise vagal, etc. En bref, **le corps est sans doute le lieu des toutes premières manifestations des émotions basiques chez l'homme.** Les troubles du bébé et de l'enfant nécessitent une lecture de ces signes corporels manifestant une souffrance globale, physique *et* psychique. L'enfant n'a d'autres possibilités que de les exprimer corporellement. Beaucoup d'adultes s'en sortent à peine mieux ensuite, nous le verrons avec la psychothérapie notamment.

- La dimension *affective* est donc bien aussi ce que le corps veut exprimer, dans ses diverses manifestations. Elle peut être contraire et paradoxale : aimer quelqu'un, mais aussi en être irrité. Dans ce cas, qui croire entre ses ressentis et son lien d'attachement ? **Que penser d'une situation dans laquelle le vécu va à l'encontre de ce qu'on perçoit consciemment ?** Notamment, nous aurons affaire à de telles contradictions dans les situations de stress, de harcèlement, de *burn-out* dans les milieux professionnels où la confusion du professionnel et du personnel est prévalente. On perd de ce fait toute confiance dans ses ressentis.

- Enfin le *cognitif*, par lequel toute personne entretient plus qu'elle n'en a conscience un rapport étroit avec ses émotions. **Le rapport au savoir est en lien direct avec l'investissement émotionnel de celui-ci.** Pas de connaissance sans un minimum de passion pour ce qui est recherché, et tout chercheur est d'abord un passionné de l'objet de ses recherches. Un cerveau sans émotions attachées à ses objets de pensée est un arbre sans racines, une plante sans eau. Il n'existe pas d'intellectuel qui ne soit d'abord un être sensible et passionné, et l'intellectuel froid, telle une mécanique dotée d'une autonomie qui se suffit à elle-même, est simplement un mythe. Défendre ses idées, c'est défendre ses passions !

L'ÉMOTION EST DONC UN *RESSENTI* QUI NOUS HABITERA DE FAÇON GLOBALE ET QUI SERA RELIÉ À NOTRE PASSÉ. Elle est la trame de notre vie. On voit donc qu'elle est plus étendue que la cognition, c'est-à-dire les aspects intellectuels de notre existence. Elle peut en changer beaucoup son cours, la bouleverser, la détruire – en cas d'émotions négatives – ou l'éclairer s'il s'agit d'émotions positives. Une image ici est nécessaire : **l'émotion est à l'intelligence cognitive ce que la partie immergée d'un iceberg est à sa partie émergée, c'est-à-dire la part la plus influente de notre personnalité.** Il nous faut donc souvent « plonger » pour la rechercher.

MAIS L'ÉMOTION, C'EST AUTANT DU CORPS QUE DU MENTAL. Qu'est-ce à dire ? Elle est cette interface entre le psychisme et le somatique, le témoignage d'un dialogue entre le mental et le corporel. Elle brouille souvent les cartes, d'où sa mauvaise image auprès des tenants d'une autonomie cognitive absolue, les tenants d'une maîtrise de la vie personnelle et d'un libre arbitre tout-puissant selon lequel l'homme, la femme, sont pleinement responsables de leurs actes, évitant d'être influencés par leur vie émotionnelle. Phénomène psychique donc, l'émotion est aussi un événement global dépendant des situations externes et des relations internes de l'ordre du psychocorporel que toute personne éprouve. Alors vient-elle du dedans ou du dehors de chacun ?

Voilà un paradoxe! Ce qu'on ressent au plus profond de son être est aussi universel! En effet, quand il est question d'émotion, on se demande si cette réaction tellement singulière, personnelle, fugace et indéfinissable est unique, ou bien si d'autres en sont aussi l'objet; si en quelque sorte l'émotion ressentie peut également l'être *universellement*. Ne dit-on pas que ce qui est ressenti au plus profond de soi peut être compris par tous ? Les grandes œuvres littéraires qui décrivent des sentiments uniques et profonds rencontrent un écho universel. **Ce qui est profond est connu de tous.** Là est le paradoxe qui fait de l'émotion un phénomène intéressant pour le chercheur : éprouve-t-on la même émotion d'une culture à l'autre ?

Les mêmes émotions sur toute la planète ? C'est ce paradoxe qui est au centre de la curiosité d'auteurs tels que Darwin et Ekman, qui placent l'émotion à la base de l'aptitude à la survie. Pour cette capacité de survie, Darwin compte huit émotions fondamentales : la colère, la joie, la tristesse, la surprise, le dégoût, le mépris, la peur et la honte. Suite à ces émotions universelles peuvent émerger des éprouvés plus construits tels que la jalousie, la ruse, l'obstination, mais sans que ceux-ci soient réellement distinguables des précédents. On voit donc que le projet de Darwin et ses successeurs est de fonder sur l'observation une matrice fondamentale qui permet d'expliquer les conditions de la survie des espèces observées.

L'émotion serait donc la clé de voûte de l'explication de la survie des espèces ? Avec notamment un lieu des expressions émotionnelles : le visage et la face. Deux grands courants s'opposent sur ce plan. À l'opposé des culturalistes tels que Margareth Mead, qui considérait que seule la culture déterminait les émotions (études sur les Trobriandais) même les plus basiques, Paul Ekman, dans ses travaux des années soixante-dix-quatre-vingt, dans la lignée de Darwin, s'évertua à retenir cinq émotions qui se retrouveraient dans une vingtaine de pays, et qu'il qualifia d'émotions primaires : la colère, la peur, la joie, la tristesse et le dégoût. Mais la surprise, prévue tout d'abord, se révéla mal se distinguer de la peur dans certaines cultures. Il l'élimina de la liste des émotions primaires, bien qu'elle réponde également aux critères de rapidité, non volontaire, et de rapidité de la réponse, caractéristiques des émotions primaires, et dont l'inscription génétique se retrouverait chez les primates. Mais ces études anthropologiques ne doivent en rien décourager le simple psychologue qui s'intéresserait à l'individu, et à ce qui surgit chez chacun d'entre nous et qui par nature nourrit notre quotidien.

Nous conclurons cette définition par une précision importante à nos yeux : être émotionnel ou être émotif ? Les deux termes n'ont rien à voir entre eux, **l'émotionnel ne peut se réduire à l'*émotif*.** En effet, l'émotif est un trait de caractère d'une personne, opposé à l'actif ou autre trait de personnalité extraverti, tandis que l'émotionnel est un registre de fonctionnement de toute personne. Nous disposons tous d'une émotionnalité – capacité à vivre des émotions – qu'on soit introverti ou extraverti, émotif ou pas !

2

La place de l'émotion
dans notre société

Réprimée d'un côté par les groupes et les institutions, elle se veut être un support important des pouvoirs et un alibi à l'appui de décisions politiques, et parfois judiciaires. Pourtant, l'émotion peut être un masque et aller contre un esprit critique citoyen. Indispensable, elle n'est pourtant pas suffisante à construire une opinion.

L'ÉMOTION, DE TOUT TEMPS, A TOUJOURS EU MAUVAISE PRESSE ! ET LE LIEN SOCIAL N'A DE CESSE DE LA RÉGULER, SINON DE S'EN DÉBARRASSER TOUT BONNEMENT. On peut observer que ce sont les institutions au sens large du terme qui ont la mission de mettre en forme les sentiments des personnes et leurs émotions, tant les émotions positives que négatives. Toute émotion est finalement légitime en soi, mais c'est la vie en société qui est problématique. Seul sur une île déserte, toutes les émotions sont permises, et Robinson Crusoé n'a pas eu cette difficulté de régulation des émotions !

Penchons-nous d'abord sur les sentiments destructifs et les passions négatives telles que l'agressivité, l'envie, la jalousie, etc. Ce sont des organisations sociales telles que justice ou police qui ont charge de régulation par la sanction

et la répression des instincts collectifs et individuels les plus liés à **la haine, la domination.** De l'autre côté de la chaîne, sur le pôle positif, les émotions sont, par la famille, l'entreprise, les associations, ce qui crée du lien par **le sentiment d'appartenance à un groupe, la solidarité, l'estime et le lien de collaboration.** Autant de ressentis liés à l'amour.

Pourtant le paradoxe, notion que nous utiliserons décidément souvent concernant l'émotion, c'est que les institutions qui ont pour but d'empêcher les excès émotionnels peuvent parfois en être la source ! En effet, dans le domaine politique, il nous arrive d'assister à ces montées de colère et d'indignation contre des mesures impopulaires prises par des gouvernements ou des institutions politiques, provoquant révoltes et révolutions. Émotions nécessaires, mais souvent pourtant non suffisantes pour générer un autre système social, les pouvoirs ne peuvent ignorer ces flambées émotionnelles collectives qu'ils ont de tout temps craintes. On sait que le politique ne peut trouver une assise suffisante dans les réactions émotionnelles des citoyens, mais qu'il ne peut également que surfer sur cette vague souvent irrationnelle des rumeurs amplifiées, de faits distordus. Finalement, faits ou pas, c'est souvent ce qui est dit qui prévaudra dans le champ du pouvoir. L'image est ce qui sera mis en avant plutôt que les faits de terrain, faisant par conséquent des plus laborieux les plus discrets et les moins influents, et les plus déclaratifs, hélas, les plus entendus. Pour réussir dans notre société, mieux vaut donc savoir manier la déclaration que d'être besogneux. Suivant cette logique par les discours, les politiques auront à cœur de se prévaloir d'être les défenseurs des bonnes mœurs, d'un peuple présenté comme souverain et surtout des *ressentis* profonds qui le traversent. **La gestion**

émotionnelle des événements devient de plus en plus la stratégie la plus payante à court terme – quitte à gagner du temps pour avancer sur d'autres fronts. *Ressentir comme* le bon peuple est désormais la règle de gestion des affaires politiques. Ainsi dans les discours politiques, nous sommes passés de l'évocation jadis des désirs et besoins de « La France », à un discours désormais sur « les Français qui ressentent profondément, ou ne ressentent pas » face à tel ou tel problème crucial soulevé.

DANS QUEL BUT DE TELLES STRATÉGIES PUBLIQUES ? **Cette gestion des émotions instrumentalisées par les pouvoirs et les institutions a clairement pour objectif de court-circuiter le développement d'un esprit critique, d'une culture du penser par soi-même**, de l'acquisition d'une culture qui permet de prendre de la distance par rapport à une situation sociopolitique. L'émotion ne crée pas une pensée si elle n'est pas mise en débat, elle restera le centre d'intérêts personnels affectifs au mieux, voire d'intérêts tout court au pire. Trop d'émotion empêche de penser par soi-même ! Deux ou trois exemples :

Considérons l'éducation scolaire : les récentes réformes des programmes qui mettent à mal des matières telles que l'histoire, par exemple, ne vont pas dans le sens de cette mise en pensée des réactions sociales basiques. À une époque où il est facile de présenter comme « vérités sociologiques » quelques opinions spontanées accumulées dans une émission audio ou télé, il devient manifeste que l'éducation de l'esprit critique a significativement reculé dans notre pays.

La promotion des consensus binaires ! Au titre qu'une démocratie est l'organisation d'un peuple par lui-même, l'émotion devient un alibi visant à créer un consensus qui ratisse le plus large possible, quitte à adopter un raisonnement binaire. Ah, cette binarité émotionnelle ! **Elle est précisément la caractéristique de la manipulation émotionnelle elle-même, car elle procède par couples antinomiques et antagonistes** : les bons citoyens, qui aiment la France / les mauvais qui ne l'aiment pas, les Français de souche / les étrangers, ceux qui travaillent / les inactifs, qu'on devrait rendre utiles, etc. Cette recherche d'antagonismes vise à créer un état émotionnel assez fruste, qui refuse les nuances d'un réel toujours mouvant dans ses catégories.

Enfin hélas, n'échappe pas à cette manipulation émotionnelle une institution qui, se présentant comme détachée des passions, en est à bien des égards profondément dépendante : la justice. En effet, beaucoup d'affaires de justice sont présentées comme résultant d'une analyse sereine et objective de faits, alors qu'elles ne sont que le reflet d'un air du temps. Tel procès qui doit se tenir à la suite d'un fait divers retentissant et éprouvant sur le plan émotionnel (le meurtre d'une joggeuse, ou d'un enfant, pour exemples récents) verra multiplier la peine du coupable d'un coefficient significatif ! Personne certes ne s'en plaindra, du fait qu'il s'agit d'un délinquant, car l'émotion concernera surtout la victime. Le problème n'est pas là, il réside dans le fait que sur le plan émotionnel, **toute société peut s'ériger légitimement en bourreau sentenciel sans que la morale en soit remise en cause. La loi du talion est toujours d'actualité, dès lors qu'il suffit de consensus émotionnels pour la justifier.** Elle résulte clairement d'une soumission générale à des normes culturelles qui font autorité. L'expérience de Stanley Milgram le prouve, qui renouvelée récemment encore donne les mêmes résultats tendanciels sur le phénomène de « soumission à une autorité »[1] (1961, 1978, 1994, 2001).

---

1. Stanley Milgram démontra que les conduites les plus violentes à l'égard des personnes résultaient d'un conformisme à une autorité qui, se présentant sous l'angle d'une légitimité incontestable (ici scientifique), pouvait amener des personnes tout à fait ordinaires à adopter des conduites qui ne cadrent pas avec leurs valeurs personnelles habituelles. Expérience maintes fois répétée qui donne régulièrement les mêmes résultats.

Les juristes se prononçant sur ces distorsions qui s'appuient sur l'émotionnel général, justifient celles-ci comme étant profondément humaines, voire que toute justice n'est que le reflet d'une société à une époque donnée. Le problème est que si l'erreur est essentiellement humaine, **les institutions se donnent implicitement cette marge de manœuvre permettant d'exprimer un risque d'erreur,** au nom de l'adage *il faut vivre avec son temps* ! Prenons

l'exemple très illustratif de la délinquance sexuelle qui remplit les pages de nos magazines et des JT. Comme le dénonce la juriste et essayiste Marcela Iacub, de nos jours la délinquance sexuelle surfe sur une vague émotionnelle particulièrement propice à la production de nouvelles lois, alors que le fait statistique montre que cette catégorie de délits et crimes plafonne à un des plus bas taux de récidive constaté : entre 1,6 à 3 % des crimes, 9 à 15 % des délits sexuels selon les catégories retenues. Dès lors que, sur la base d'un fait divers, chacun est interpellé, il se crée une émotion collective. Or **nous savons que le risque criminel ne peut être réduit à zéro**, et que nous avons dix fois moins de crimes de nos jours qu'au XIXe siècle.

Un autre exemple enfin, et non des moindres : celui de l'immigration ! C'est maintenant un lieu commun que de constater que ce problème réveille beaucoup de réactions émotionnelles, notamment dans des régions qui ne sont guère confrontées à cette problématique, comme si l'émotion partagée tenait lieu de réalité, une réalité qui par ailleurs, sur le terrain, est beaucoup plus nuancée.

PAR CONSÉQUENT, QUAND L'ÉMOTIONNEL DOMINE DANS L'APPROCHE D'UN PROBLÈME, À TORT OU À RAISON, LES FAITS DEVIENNENT SECONDAIRES ET LES CHIFFRES TOUT SIMPLEMENT

INSIGNIFIANTS! Si l'émotion peut donc devenir le masque d'une réalité dont la mesure importe peu, elle peut facilement aller à l'encontre d'un véritable esprit critique qui est à la base de toute vie collective. La vérité d'une réalité est le plus souvent relative, toujours plus ambivalente de toute façon que celle prévue quand la prédiction est d'ordre émotionnel; ces zones d'ombre échappent le plus souvent aux protagonistes eux-mêmes. L'ambivalence est au cœur de l'humain et du lien social. Par conséquent, **sans émotions pas de lien social, mais trop d'émotionnel mène les pouvoirs à une gestion de courte vue de la cité,** voire à un populisme outrancier.

3

L'expression
et le langage émotionnels

Comment s'exprime une émotion et comment elle se distingue de l'opinion et d'un esprit critique construit. La communication cognitive versus communication émotionnelle. Leurs caractéristiques.

APRÈS AVOIR DÉCRIT COMMENT LES INSTITUTIONS ET LES POUVOIRS DANS NOTRE SOCIÉTÉ PEUVENT SURFER SUR LES ÉMOTIONS COLLECTIVES, NOUS DEVONS NOUS POSER LA QUESTION DE L'*EXPRESSION* MÊME DE L'ÉMOTION DANS LA VIE RELATIONNELLE ET SOCIALE. Comment s'expriment les émotions ? Autrement dit, existe-t-il un langage émotionnel qui soit distinct du langage habituel fait de mots et de règles et dont chacun connaîtrait peu ou prou la syntaxe et la grammaire ?

Nous avons vu que **l'émotion est à l'interface entre le corporel et le psychique,** que nous sommes tous le siège d'émotions lorsque nous sommes en relation avec d'autres. Dès lors, l'émotion est chargée d'un sens relationnel important en connexion avec notre corps. Même si notre communication est aujourd'hui plus informative que jadis, nous manions des sommes d'informations de plus en plus considérables, la nécessité de nous ressourcer sur le plan émotionnel devrait être d'importance égale. Si nous l'oublions, nous en tombons tout simplement malades ! Dans le milieu du travail, les *process* professionnels de plus en plus contraignants qui font fi de cet aspect mènent les agents les plus expérimentés à des conduites désespérées. Les plus expérimentés sont aussi les plus anciens, ceux qui ont connu des périodes dans lesquelles ils pouvaient trouver des relâches de communication informelle, un esprit de groupe, des moments plus ou moins brefs d'émotions personnelles partagées. Nous rappelons sans cesse, dans notre pratique, que **le lieu de travail est aussi un lieu de vie particulièrement relationnel. L'être humain est donc à la fois *cognitif et émotionnel*** (voire également *spirituel* si on en fait un type particulier d'émotion).

Pour clarifier les choses, il faut parfois couper les cheveux en… deux ! Nous allons donc distinguer la *communication cognitive* – celle des informations, idées, projets, plans – et la *communication émotionnelle* – celle des affects, sentiments, impressions, émotions. Cette distinction n'est ici que formelle, car ces deux registres sont comme on s'en doute très intriqués dans la vie quotidienne. C'est donc pour les besoins de notre propos que nous l'établissons.

La *COMMUNICATION COGNITIVE* EST DE NATURE NUMÉRIQUE. Elle entretient un rapport aux événements dont elle rend compte par des informations qui s'énoncent en termes de tout ou rien. C'est le langage cognitif qui permet d'en analyser l'existence ou l'inexistence, de façon binaire : **un événement a lieu ou pas, ce qui se traduit par un oui ou un non, voire par zéro ou un, ce qui en fait une opération numérique.** Le cerveau qui en répond est essentiellement cortical, avec ses zones frontales notamment. Cette communication est la plus tardive dans le développement humain, elle demande de dix-huit à vingt mois de maturation pour accéder au langage articulé quand l'enfant baigne dans un milieu familial langagier approprié, et bien entendu plus tardivement quand ce milieu présente des carences sur ce plan. Ainsi dans une journée nous sommes, sans que nous en ayons conscience, bombardés d'informations que nous devons filtrer, évaluer, classer en catégories pertinentes, mettre en relation avec des champs cognitifs prédéfinis : c'est le traitement de l'information. Ces opérations, pour complexes qu'elles soient, sont le lot de tout humain, à tout moment de la vie, privée comme professionnelle.

QUANT À LA *COMMUNICATION ÉMOTIONNELLE*, ELLE EST PLUS SPÉCIFIQUEMENT ORIENTÉE VERS LA NUANCE, PLUS ANALOGIQUE QUE NUMÉRIQUE. **Les ressentis émotionnels se situent**

sur une échelle qualitative qui va du moins percep- tible au plus intense. On ressent une émotion en fonction de son intensité avant même qu'elle soit identifiable par la personne même. Qui n'a jamais été confronté aux phéno- mènes de fausse reconnaissance, d'impression de déjà-vu, de gêne non motivée, de sympathie spontanée? C'est l'*inten- sité* du ressenti qui amènera le sujet à reconnaître la *nature* de son émotion dans une situation donnée. Autrement dit, contrairement à ce qu'en dit le sens commun: **on ressent avant que de penser!** L'étranger et l'inconnu doivent être d'abord ressentis avant que d'être identifiés cognitivement. Le ressenti émotionnel est figurable sur une échelle allant de l'indifférent à l'intense, sur un vecteur dont le sujet n'a pas la maîtrise du curseur qui s'y déplace. Mais alors pourquoi donc la conscience n'a pas son mot à dire durant cette latence du ressenti? Tentons d'y répondre en proposant l'hypo- thèse selon laquelle les perceptions premières proviennent de régions cervicales inaccessibles au cortex, le cerveau « émotionnel » (ou amygdalo-hippocampique), sinon après un temps de latence. Dans la vie quotidienne intervient interac- tivement l'activité cognitive dans la perception du ressenti.

Mais, se demandera-t-on, cette explication suffit-elle à rendre compte de la persistance de certaines émotions dans la vie des sujets? Ce serait sans compter sur l'histoire du sujet qui est également importante pour donner sens à l'émotion ressentie. Les expériences affectives, les souvenirs qui y sont attachés, les ressentis laissés par des situations pénibles ou agréables constituent autant de traces émotionnelles qui seront réveillées, constituant ainsi une grammaire préétablie du langage émotionnel. Certaines de ces émotions seront promptes à ressurgir lors d'événements

rappelant la situation originale. Ce sera la répétition de cette émotion qui deviendra problématique. **Cette dimension historique n'est pas sans lien avec le corps lui-même bien entendu, car c'est par lui-même que l'émotion se fait connaître**, puisque celle-ci est aussi l'expression globale de la personne par le somatique, telle la crise d'angoisse, l'anxiété, la sueur sur le front, la pâleur, la rougeur, etc. On peut dire que **le langage émotionnel est primitif, somatique *et* psychique à la fois**, et que l'émotion n'a de sens qu'en double relation avec le somatique *et* le relationnel. Ainsi toute maladie psychosomatique est sous-tendue d'une souffrance certes portée par le corps seul, mais dont le sens est à rechercher dans la relation – actuelle et passée – aux autres.

Ainsi, parler de son corps c'est aussi parler de son passé émotionnel avec les autres. Par conséquent on peut parler d'un langage des émotions qui ne se fait connaître que par le medium corporel. Les enfants nous enseignent bien cette perspective lorsque, par exemple, refusant d'aller à l'école un jour, ils déclenchent de la façon la plus sincère une fièvre ou un mal de ventre intense qui peuvent les conduire jusqu'aux urgences. Il en résulte qu'**un problème apparemment médical est parfois l'expression d'un vécu émotionnel qui ne veut pas dire sa nature dans**

la relation aux autres. Donner au sujet la possibilité de lire ce langage autrement que de façon médicale (symptomatique) est important, voire urgent dans certaines affections.

Imaginer une scène déclenche-t-il la même émotion que de la vivre réellement ? À cette question nous sommes tous tentés de répondre par la négative. Nous serions alors dans l'erreur ! Car la vue d'une scène, voire la simple évocation d'un événement, peut avoir les mêmes effets émotionnels que le vécu de la scène elle-même. Les études basées sur l'imagerie cérébrale montrent que les mêmes zones cérébrales sont activées, que le sujet évoque un événement ou qu'il vive effectivement ledit événement. Dans ces cas, la réalité et l'imaginaire ne se distinguent pas dans ce qui déclenche l'émotion. **Rêver, imaginer et agir peuvent être équivalents sur le plan émotionnel.** C'est la capacité à *visualiser* qui est alors soulignée chez le sujet, relayée par l'audition et le toucher, base d'une mobilisation de son imaginaire, nécessaire dans certaines situations de créativité, mais un obstacle certain dans la recherche d'une vérité factuelle. Nous ne saurions trop insister sur les *sens corporels* mis en jeu dans l'expression émotionnelle.

LE LANGAGE ÉMOTIONNEL A DONC SA PROPRE DYNAMIQUE QUI DOIT TENIR COMPTE DE LA RELATION DE SOI-MÊME AUX AUTRES, dans la double dimension du rapport à son histoire personnelle – des jalons émotionnels qui la parcourent – et du rapport à son propre corps qui raconte quelque chose de cette histoire personnelle.

Poussons la question un peu plus loin: existerait-il une *intelligence* spécifiquement émotionnelle?

4

Une intelligence émotionnelle

Sa nature. Sa mesure. Les travaux du psychologue D. Goleman (1995) et le QI émotionnel.

La critique du quotient intellectuel (QI), qui ne tient compte que des capacités intellectuelles, comme marqueur plus qu'incertain de la prédiction d'une réussite sociale, n'est plus à faire. Être « intelligent » – avec beaucoup de guillemets – ne signifie pas « réussir sa vie », car il existe bien d'autres facteurs qui y contribuent majoritairement. Pour preuve, les enfants surdoués qui ne parviennent pas à se situer dans un système scolaire peu adapté à leur profil. Par ailleurs, nous avons vu combien l'école « à la française » souligne les fautes des élèves plus qu'elle ne favorise le développement de capacités potentielles réelles. Dès lors, **qu'est-ce qu'un élève « intelligent » de nos jours, sinon**

35

celui qui restitue un programme scolaire conforme à ce qu'en attendent les enseignants?

Daniel Goleman, psychologue, souligne aussi cette faille qui fait que les étudiants les plus doués sur le plan intellectuel ne réussissent pas mieux leur vie que les autres. Par conséquent, à quoi sert l'intelligence telle que définie par le test de Wechsler[2] par exemple ? En France, nous dirions qu'il est nécessaire, mais non suffisant, car nous n'abandonnons pas facilement nos habitudes de pensée. Pour cet auteur il est tout simplement un non-sens, car l'éducation intellectuelle classique, basée sur l'écriture, la lecture et l'arithmétique, ne prépare qu'à devenir enseignant. **Il faut lui préférer une aptitude globale à la perspicacité appliquée aux rapports sociaux.**

Or on constate que les tests d'aptitudes sociales telles que définies par certaines écoles de type Project Spectrum aux États-Unis ne sont pas du tout corrélés avec les épreuves classiques de type Stanford-Binet (QI), ou encore les échelles de Wechsler très pratiquée en France. Mais contre l'évidence que ces certitudes rationalistes allaient vers l'échec concernant la prédiction de la réussite personnelle, l'intelligence sociale est restée longtemps une recherche muselée, car résiduelle sur le plan cognitif, hélas souvent réduite à une aptitude à la manipulation d'autrui !

---

2. Le test d'intelligence de Wechsler (la WAIS) est une échelle qui comporte une partie d'intelligence conceptuelle et une partie d'intelligence pratique, donnant lieu à un QI théorique et un QI de performance. Est apparue par la suite une version spécialement destinée aux enfants : le WISC, qui permet de distinguer finement des résultats liés à divers secteurs de l'intelligence.

Pourtant, il fallut se rendre à l'évidence: cette forme d'intelligence était de plus en plus corrélée dans la vie des personnes interrogées avec leur réussite personnelle; et ceci d'autant plus qu'elles avançaient dans l'existence. Des psychologues tels que Solvey proposèrent alors des formes d'échelles de l'intelligence émotionnelle, formes résumées en cinq catégories:

- La *connaissance des émotions* : pouvoir identifier ses propres émotions permet de ne pas être aveuglé par elles quand on doit faire des choix cruciaux personnels et professionnels. Identifier ses ressorts émotionnels est la première étape incontournable, menant vers la conscience de soi.

- La *maîtrise des émotions* : consiste à pouvoir se libérer de l'angoisse, de la peur, de la tristesse pour mieux affronter les situations difficiles de la vie. Elle dépend de la conscience de soi.

- L'*auto-motivation* ou la *canalisation de ses émotions* est importante et doit constituer la base d'une fluidité psychologique qui prévient le surmenage et produit une plus grande créativité.

- L'*empathie* ou la *perception des émotions d'autrui* est une capacité majeure dans beaucoup d'activités humaines et dans bien des secteurs professionnels tels que la vente, la gestion, l'enseignement, les activités relationnelles en général.

- La *maîtrise des relations* avec les autres, savoir les gérer de façon fluide et sans à-coups permet de mieux manager et de créer un climat favorable à l'interaction dans les domaines privés et professionnels. C'est une compétence qui ne s'apprend pas dans les écoles de management, laissée au hasard des aléas personnels.

Finalement, **le but de ces compétences est une meilleure adaptation aux buts sociaux poursuivis et aux activités que l'on veut entreprendre.**

Quelle critique peut-on faire de cette forme d'intelligence ? On objectera certes qu'il s'agit là du fameux pragmatisme anglo-saxon en action. Ce qui est sans doute manifeste quand on parle de *maîtrise des émotions* dans le but de mieux manager. On critiquera encore l'application de ces analyses psychologiques aux domaines de la production et secteurs des métiers, le privilège des fonctions intellectuelles fondamentales que tout le monde devrait acquérir indépendamment de ses goûts ultérieurs. Certes, acquérir des fondamentaux est une chose, mais en faire un instrument de sélection sociale en est une autre. La réponse globale est que derrière une culture démocratique qui prône un égalitarisme vécu comme devant être protégé de toute influence des pratiques sociales – vécues comme douteuses – s'effectue une sélection élitiste, sélection qui, elle, tient *de facto* compte de ces pratiques. L'idéologie républicaine égalitariste masquerait en fait des pratiques sélectives effectives et violentes !

Alors, tenir pour valable une intelligence qui prend en compte un goût pour des activités sociales diverses ? Ce serait sortir de la contradiction qui sévit entre discours et pratique sociale. Et pourquoi pas finalement, quand on assiste encore de nos jours à des managements qui sont laissés, dans notre pays de Descartes supposé rationnel, aux humeurs de chefs qui, compétents sur le plan technique, ont été promus sur la seule base de ces éléments et dont l'*empathie* est celle d'enfants ou au mieux d'adolescents. Ceci, paradoxalement, sans que la « volonté » des individus soit en cause, car la seule bonne volonté ne crée pas une aptitude à entrer en relation.

Sur le terrain des pratiques sociales, la confusion est grande entre autorité naturelle et autoritarisme. **Beaucoup de managers supérieurement développés sur le plan cognitif présentent des compétences émotionnelles proches de la débilité** (rigidité, manque d'écoute, d'empathie, de synthèse des opinions, non-utilisation des relations informelles dans le groupe). Ces défauts majeurs ne sont guère corrigés dans les enseignements de la plupart des écoles de techniciens ou d'ingénieurs, aptitudes laissées au seul jugé des acteurs décisionnaires. Ce qui donne au mieux un management par essais et erreurs, au pire à des catastrophes répétées, sous couvert d'autorité hiérarchique intouchable. **Ces situations souvent caricaturales ne sont pas traitées sur le plan émotionnel, et de ce fait engendrent l'ensemble des risques dits psychosociaux** (épuisement, dépression, harcèlement). L'intelligence

émotionnelle n'est pas encore au programme des écoles de management. Une des raisons importantes est qu'elle n'a pas donné jusque maintenant matière à des recherches[3] dignes

---

3. Recherches qui pourtant pourraient être adaptées de celles qui, dans le champ de la psychopédagogie, ont mis l'accent sur les effets de groupe décisifs, l'effet des styles de leadership (laisser-faire, démocratique, autoritaire), l'effet Pygmalion, etc.

de ce nom, du fait qu'elle ne peut se quantifier facilement, contrairement à l'intelligence cognitive qui elle, au contraire, s'y prêterait mieux ; pourtant, elle s'adapte essentiellement au relationnel des réalités sociales rencontrées. Ainsi, **une échelle menant à un QI émotionnel est envisageable** ; cette échelle devrait pouvoir évaluer les cinq compétences retenues par les auteurs tenant de ce courant, et qui seraient :

- Le degré de *connaissance* de ses propres émotions : il dépend des contextes à construire pour chaque type de situation et risques encourus. En bref, un degré d'*insight émotionnel* lors de situations affrontées pourrait donner l'indice de stabilité d'une conscience de soi.
- La maîtrise émotionnelle pouvant donner un *indice réactionnel* aux situations testées.
- L'auto-motivation impliquant l'utilisation des émotions dans un but d'accroissement de la motivation personnelle, nous pourrions proposer une *échelle de motivation* tenant compte des réactions émotionnelles qui les sous-tendent.
- Quant à l'*empathie*, elle est facilement évaluable dans des mises en situation par de brefs dialogues permettant leur reformulation spontanée. Elle est travaillée de façon ostentatoire dans les sections de psychologie à l'université, comme une aptitude incontournable aux métiers de la psychologie.

- Finalement, la maîtrise des relations aux autres serait plus axée sur les actions avec une équipe, en famille, leur *degré de difficultés rencontrées*, et la *fluidité des interactions constatées*.

Une échelle assez synthétique en somme.

POURTANT, AU SEIN DES MILIEUX DU TRAVAIL, COMMENT MESURE-T-ON CES APTITUDES ? On a la plupart du temps recours à un bricolage managérial. On peut observer que la mesure de ces compétences utilisant les formes de l'intelligence émotionnelle est souvent faite *in situ* dans la période dite d'essai d'une fonction. Elles sont rarement formalisées dans un profil de compétences, et donc réduites aux caractéristiques d'un contact personnel non intégré à l'évaluation d'une fonction professionnelle proprement dite. **La menée des hommes est encore laissée à l'arbitraire de l'instinct personnel, au feeling aléatoire.** Ça passe ou ça casse ! Et ça casse hélas trop souvent.

Dans le champ des psychothérapies, il en va sans doute différemment. Quoique.

5

Les émotions en psychothérapie

Comme interface entre corps et psychisme, l'émotion se veut appartenir aux deux registres. Par son intermédiaire, on accède aux profondeurs qui n'ont pu se rendre conscientes et qui ne peuvent se dire par la parole. Cas de l'anorexique, la boulimique, les troubles sexuels et les addictions. Les courants récents d'approche psychosomatique intègrent les émotions du sujet.

Sɪ ʟ'ÉMOTION SE CONÇOIT COMME INTERFACE ENTRE LE CORPOREL ET LE PSYCHIQUE, LES COURANTS PSYCHOTHÉRAPIQUES TENDENT PRESQUE TOUS À INTÉGRER LES DEUX VERSANTS : la vie émotionnelle et l'activité intellectuelle, l'affectif et le cognitif, les affects et les représentations, autant de termes qui visent à faire relation entre la pensée et le ressenti. Pourtant, il existe des différences importantes qui se font jour sur le plan des techniques utilisées dans le champ psychothérapique. **Le**

soin psy a diverses entrées dont il faut informer toute personne qui souhaite y avoir recours. Surtout, quelle place prend l'émotion dans ces pratiques ?

La *psychanalyse* tout d'abord. Difficile de faire l'impasse sur celle-ci, tant elle est cohérente dans son approche du fonctionnement psychique. Sa conception du fonctionnement mental met en exergue deux facettes : l'affect d'un côté et la représentation de l'autre, qui sont liés comme les deux faces d'une pièce de monnaie. Tout patient met l'accent sur un aspect ou un autre dans l'évocation de ses souvenirs, ses réminiscences ou ses rêves. Cependant, la psychanalyse ne soulignera que la capacité qu'aura le sujet à évoquer par la parole ces deux aspects en question, et non pas sur des manifestations émotionnelles débordant la personne.

En effet, qu'est-ce que la contrainte analytique ? C'est la règle fondamentale des associations libres par l'expression verbale, la *talking cure*. Le psychanalyste, par conséquent, ne retiendra que les patients qui seront en mesure d'appliquer la méthode des associations verbales, excluant de ce fait ceux qui expriment par le corps une souffrance, en la qualifiant souvent de symptôme ou de *passage à l'acte*. Un trop d'émotionnalité exclut donc le sujet d'une psychanalyse ! Pourtant, dans d'autres approches telles que le psychodrame par exemple, l'expression même des émotions est mise en lumière par ce qu'appelle Max Pages la « scène émotionnelle », une expression qui montre une problématique condensée dans la scène elle-même, à l'instar d'un rêve qui demande à être compris dans ses détails plutôt que dans une cohérence manifeste.

Par conséquent, les tenants d'une orthodoxie psychanalytique verraient dans ce travail de scène des émotions

une impasse de la parole, là où pour d'autres analystes est exprimée une souffrance à partir de laquelle un travail par le préconscient est possible et souhaitable dans la relation avec le thérapeute, autrement dit le transfert[4]. Se pose alors la question d'un possible travail

---

4. *Le transfert* est ce qui est déposé chez le thérapeute par la personne à son insu : ses sentiments, ses intentions, son vécu. La psychothérapie est un travail sur ces productions mêmes.

par la personne, voire de l'éligibilité du patient au travail analytique. On sait avec la pratique, et un thérapeute tel que Tobie Nathan le confirme, que le meilleur psychanalyste ne réussira un travail pourtant mené en accord avec les règles formelles que s'il « mouille sa chemise », selon son expression, au sens où il est conscient du degré d'engagement émotionnel dans lequel il est avec la personne qu'il rencontre. Il n'existe pas de rencontre thérapeutique sans émotions partagées a minima, en relation avec ce qui est appelé une « alliance thérapeutique ». Nous y reviendrons avec d'autres thérapies.

C'est aussi l'opinion des thérapeutes du champ des thérapies cognitives tels que Jean Cottraux. En effet, pour assumer les échanges à caractère cognitif dans le cadre d'une alliance thérapeutique, le thérapeute doit faire preuve d'une certaine *empathie*[5]. C'est dire combien le thérapeute doit faire preuve d'une capacité à élaborer ses propres émotions pour fonctionner comme un « modèle cognitif » face au patient et ainsi participer à l'établissement d'un « lien thérapeutique

---

5. L'*empathie* est la capacité d'un thérapeute de comprendre ce qu'exprime son vis-à-vis sans jamais se confondre avec lui-même, tout en restant au plus proche de ce qu'il ressent. Le père de ce concept est Karl Rogers (1961).

positif », pour reprendre la formule déjà ancienne de Karl Roger. Selon l'auteur, l'empathie passe par le regard, le ton de la voix, autant de vecteurs d'émotions dont il est important de prendre conscience pour faire passer les messages plus cognitifs. **Le contrôle des émotions élémentaires n'est pas toujours possible selon les auteurs cognitivistes,** qui font donc de cette condition de contrôle à la fois un prérequis du fonctionnement de la relation, et une difficulté liée au non-verbal (les « fuites »). Il est reconnu par ces auteurs qu'entre l'émotion et la cognition, c'est « l'émotion qui est la plus rapidement perçue par le patient » et que par conséquent il est nécessaire que le message ne la démente pas pour que l'échange devienne cohérent. Ce qui donne la boucle suivante qui résume, selon J. Cottraux, une micro-analyse de la relation psychothérapique :

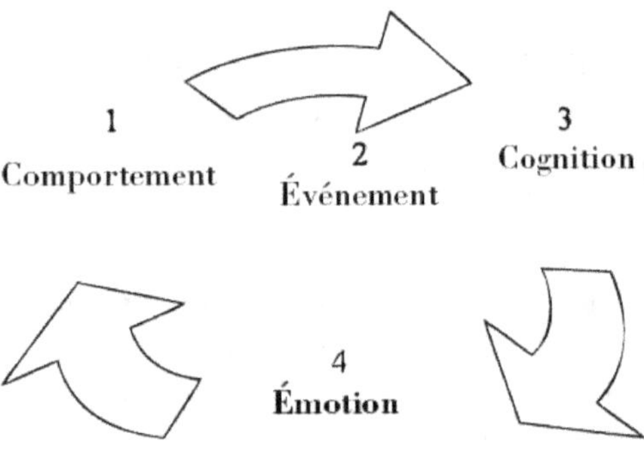

D'où la nécessité d'orienter la recherche vers les transformations des messages cognitifs en fonction des états émotionnels qui les impactent. Il est aussi nécessaire de situer anatomiquement ces réactions émotionnelles par la représentation d'un « cerveau émotionnel », qui est constitué comme le décrit le Pr Nicolas Kopp de l'amygdale, du gyrus para-hippocampique et du gyrus cingulaire (ou encore appelé grand lobe limbique), repris par J. Cottraux[6]. Bien entendu, pour clair que soit un tel schéma, la carte ne fait pas le territoire, et les émotions de l'être humain restent sans doute un champ d'exploration plus complexe.

Au final, quelle est la place faite à l'émotion dans ces écoles thérapeutiques ? Le regard descriptif que nous venons de porter sur les courants psychothérapiques fait ressortir que le statut de l'émotion est différent dans le courant psychanalytique classique et dans celui de la thérapie cognitiviste. Alors que pour le premier elle se résume à un état proche du passage à l'acte – ou pour faire plus chic l'*acting out* – qu'il faudrait par l'analyse faire advenir du préconscient à une parole plus dépouillée de ses scories, pour l'autre elle est une simple condition à maîtriser lors de la pratique du

---

6. Masson, 2004.

thérapeute qui travaillerait ainsi plus confortablement sur des *schémas cognitifs* orientés vers le changement. Ce qui est au fond une reconnaissance commune que ces émotions ne peuvent être absentes de l'alliance thérapeutique, condition même du succès de la thérapie.

RESTE LE TRAVAIL THÉRAPEUTIQUE SUR L'ÉMOTION ELLE-MÊME. IL EST MOINS SIMPLE ENCORE DE NOS JOURS DANS NOTRE CULTURE CARTÉSIENNE DE PROMOUVOIR UNE TELLE ORIENTATION. Pourquoi? Disons d'emblée la difficulté institutionnelle: elle est assez peu reconnue dans les milieux s'érigeant en obédiences scientifiques, car assez marginale par rapport aux orthodoxies psychanalytique et cognitiviste comme nous venons de le voir, orthodoxies qui sont principalement enseignées dans les universités.

Une autre raison de cette marginalité réside dans une évidence due à la mentalité générale: **l'émotion est trop commune à chacun pour être un objet d'étude sérieux, et en pratique elle est souvent associée au mouvement dit de « développement personnel »**, c'est-à-dire se référant plus à l'expérience personnelle qu'à un champ de recherche scientifique proprement dit. De quelle nature sont ces courants? Ce sont des thérapies utilisant essentiellement le rapport corps-psychisme comme vecteur thérapeutique: la psychocorporelle, la relaxation analytique, la méthode Feldenkrais, la méthode de relaxation Schultz, l'EMDR, la sophrologie, etc. Ces approches posent les principes suivants:

- Les rapports entre le corps et le mental sont si intriqués qu'on peut parler ici de *clinique holistique*, c'est-à-dire d'une approche globale de la souffrance sans qu'on puisse dire que le psychique prévaut sur le corporel, pas plus que l'inverse. Il y a interaction intime entre les deux sphères.

- La clinique – à savoir l'observation, la description de cas – prévaut sur une théorie qui revendiquerait un caractère scientifique, dans le sens d'une répétition rigoureuse de situations standardisées. Ce qui est rarement le cas pour les cliniciens qui privilégient la méthode de l'*étude de cas*.

Les courants néo-reichiens[7] se prévalent de ces principes. Notamment l'un d'entre eux incarné par le Cercle psychosomatique de Paris, animé par Gérard Guasch et Anne-Marie Filliozat, se réclame d'une pratique analytique en laissant s'exprimer les états émotionnels du sujet et son élaboration par une parole qui prend en compte l'inconscient et le transfert. Ici **le corps parle l'inconscient tout**

---

7. Courants qui se réclament de Wilhelm Reich (1897-1957), psychanalyste, élève de S. Freud. Les courants néo-reichiens sont en France représentés par l'école de somatothérapie de Richard Meyer (Strasbourg), les travaux de Gérard Guasch sur la thérapie psychocorporelle énergétique d'inspiration taoïste (Paris, Mexico), et le Cercle d'études Wilhelm Reich animé par Jacques Lesage de La Haye en région parisienne.

autant que les mots sur le divan, et quand il parle il dit surtout des émotions qui n'ont pu se manifester de manière consciente.

Il appartient ensuite au langage de se dérouler et d'en fournir le sens au sujet. Nous avions trouvé ces mêmes caractéristiques dans d'autres approches telles que le psychodrame, le sociodrame et jadis des approches telles que le

photodrame, supports grâce auxquels les sujets parviennent à exprimer des états émotionnels qui sont mis en forme par un travail analytique ultérieur.

À QUEL PUBLIC, MAJORITAIREMENT, PEUVENT S'APPLIQUER CES MÉTHODES ? Ce travail permet à certains sujets qui présentent un trouble de personnalité *borderline* de se sentir soutenus par l'activité du thérapeute, refusant souvent le silence analytique, l'immobilité et la non-visibilité du thérapeute, autant d'éléments relationnels qui réveillent chez eux des traumatismes anciens. Ils sont par contre particulièrement aptes à lire leurs émotions et celles des autres dans un travail émotionnel qui leur est proposé.

IL S'AGIT DONC D'UN TRAVAIL ANALYTIQUE QUI FAVORISE L'EXPRESSION D'UN PRÉCONSCIENT PAR L'ÉMOTIONNEL QUI NE DÉMENT PAS L'IMPORTANCE D'UNE PAROLE LIBREMENT ASSOCIÉE PRÔNÉE PAR LA PSYCHANALYSE. Elle en est un complément nécessaire et souhaitable dans les cas où la personne est débordée par ses manifestations émotionnelles, notamment les addictions, la bou-limie, les crises émotionnelles, les dépressions. Cette approche est particulièrement fructueuse dans ces cas de souffrance psychosomatique grâce à un travail sur le préconscient. Elle se fait souvent à l'aide d'exercices (*settings* ou *actings*) qui, bien menés, permettent une expression émotionnelle reprise ensuite en face à face.

ALORS QUELLE SERAIT LA VÉRITABLE COMPÉTENCE DU THÉRA-PEUTE UTILISANT CETTE FORME D'APPROCHE? Relativement à certaines personnes et certains symptômes particuliers,

une formation du thérapeute dans le domaine scientifique permet d'intégrer de telles approches dans des méthodes plus traditionnelles telles que la thérapie analytique, la thérapie brève, voire la psychanalyse. Ainsi, il n'est pas rare sur le terrain d'associer la relaxation avec une psychanalyse classique. Les résistances à ces approches émotionnelles sont davantage dues à des attitudes professionnelles qui relèvent de phobies personnelles qu'à des incompatibilités fondamentales entre méthodes.

Enfin, bien que le corps soit souvent le lieu de précautions en thérapie – contrairement aux années soixante-dix-quatre-vingt –, beaucoup de thérapeutes évitent de confondre en pratique *rigueur* et *rigidité*. Alors quelles sont les orientations significatives ?

- La conformité à la théorie ne fait pas une bonne pratique (clinique) et surtout pas un changement significatif. Le style du praticien et son expérience sont certainement ce qui fait la différence entre *changement* et *non-changement*.
- Comme le soulignait déjà A.T. Beck, en 1995, la psychothérapie « à large spectre » est désormais la voie vers une intégration des orientations de recherche telles que les travaux sur le rêve, maintenant communs à moult

courants. Il en va d'un certain pragmatisme clinique qui privilégie finalement le *soulagement d'une souffrance du sujet*.

- On abandonne de plus en plus l'attitude puriste de l'analyse, à l'instar de Freud qui qualifiait de « surplus » le fait de soigner le symptôme (la souffrance visible) par la psychanalyse. Rappelons quand même que la clinique, c'est surtout pratiquer « au pied du lit du malade », comme son sens étymologique le précise.

Allons voir du côté de l'éducation. Qu'en est-il de l'émotion dans la relation éducative ? Est-elle mieux considérée que dans le monde de la psychothérapie ?

6

Les émotions, les médias
et l'éducation

But des médias: informer et intéresser. Le racolage émotionnel par la télé, certaines presses populistes, le culte du scoop. Quand l'image court-circuite l'écrit, elle promeut en même temps l'émotionnel le plus basique. Quels supports les plus adaptés pour traduire les émotions les plus humaines? L'émotion dans le domaine éducatif est souvent le parent pauvre de la pédagogie.

Toute influence passe par l'émotion, nous le verrons avec l'éducation. Pour l'heure, abordons les caractéristiques des liens qui relient l'émotion et les médias. On peut prétendre qu'il n'est de médias qu'émotionnels. Pourquoi? Un journal qui n'aurait de but que d'informer son public de façon «objective» et purement informative passerait à côté d'un public potentiel important. De plus, il se leurrerait sur la notion d'intérêt à lire et s'informer sur le monde, qui n'est autre que celle d'aller vers les autres par curiosité dans un premier temps, et de participation éventuelle dans un second temps. L'émotionnel est particulièrement engagé dans cette démarche apparemment très cognitive. Car il n'est d'intelligence, même cognitive, que reliée aux émotions les plus profondes. Cependant, il est pertinent de se poser la question

si l'émotion n'est pas plus sollicitée par tel support médiatique plutôt qu'un autre, si tel média n'est pas plus à même de mobiliser tel type d'émotions plutôt qu'un autre.

Sur le plan des émotions, les médias écrits ne peuvent rivaliser avec les moyens d'information utilisant le visuel. Pour quelles raisons ? Les études expérimentales montrent que les émotions les plus fortes sont d'abord produites par des stimulations visuelles, puis auditives, et enfin olfactives et gustatives. La vue sera génératrice de réactions de peur, d'attachement (J. Bowlby, 1969), avec une prévalence de la perception des visages. Le visage est ce qui sera le plus investi par toute personne dans sa relation aux autres. Les médias télévisuels n'ont donc de cesse avant tout de cadrer les visages des protagonistes lors d'émissions en tout genre, à la recherche du moindre indice traduisant l'émotionnel.

La presse télévisuelle : on peut dire que cette recherche de l'identification du spectateur aux émotions de l'autre peut être ce qui caractérise le medium télévisuel. Je ressens comme l'autre, donc je suis l'autre ! Le collage émotionnel garantit cette identification à cet autre qui ressent les choses comme moi. Mais le *comme moi* n'est pas *moi-même*. Ce faisant cependant, cela m'éloigne d'un travail plus critique que je pourrais entreprendre à propos des problèmes abordés, les problèmes sociaux, politiques, scientifiques. En effet, les « émotions qui nous gouvernent », comme dit Serge Tisseron, psychanalyste, le font toujours de façon élémentaire, selon la loi du plaisir-douleur, agréable-désagréable, amour-haine, etc., **en mettant en suspens l'aptitude à poser un regard interrogatif, critique – au sens large du terme – sur des faits sociaux, politiques et naturels**. De quel *esprit critique* parlons-nous, quand nous nous défions d'un trop émotionnel ?

Prenons comme exemple pédagogique, entre autres phénomènes culturels, les statistiques présentées dans nos médias comme des vérités basiques quantifiées. Les chiffres ne mentent pas, dit-on, car précis et donc irréfutables ! Un et un font deux ? Nenni, rien n'est moins fiable qu'un tableau de chiffres présentés de façon statistique, si un regard critique n'y est pas porté ! Notamment sur les variables retenues, leur présentation, les différences soulignées par les auteurs, la taille et nature de l'échantillon, le degré d'erreur toléré, bref, une statistique n'est qu'un emballage particulier et partial, justifié par les besoins d'une hypothèse. Nous mettre donc « à la recherche de l'hypothèse perdue » nous permet de nous dégager de nos émotions premières ayant cimenté notre idée à propos d'un problème ; et c'est précisément cela qui nous permettra de **sortir d'une pensée binaire en faisant**

fonctionner notre pensée analytique, notre doute, en nous défiant d'opinions trop clairement fondées sur le *ressenti* premier, fût-ce le nôtre propre.

Mais alors à quel saint se vouer ? Que choisir entre une émotion dont nous devons nécessairement nous méfier, et la même émotion que nous devons considérer comme une passerelle avec notre entourage ? Nous venons de voir que nous pouvons facilement être manipulés par nos émotions, voire qu'il est difficilement évitable de ne pas subir cette influence émotionnelle sur nos conduites. Nous savons que la seule façon de ne pas se faire émotionnellement manipuler est de multiplier les sources d'information autour de nous, conscient que l'objectivité relève toujours d'une construction mentale de la réalité.

Le plus grave pourtant est quand la manipulation émotionnelle semble être orchestrée par des médias censés nous informer par le biais d'images qui, justement parce qu'elles sont des images, nous sont présentées comme objectives de par leur prétention à refléter la réalité. L'éducation à l'image est donc un prérequis nécessaire pour une lecture critique du social, et plus généralement de notre rapport aux autres à travers les médias. Notre dépendance à l'image est immense, et nous ne nous soucions pas suffisamment de multiplier nos sources d'influence, par paresse, manque de temps et inertie intellectuelle. Nous ne regardons en général qu'une seule chaîne télévisuelle pour nous faire une idée de ce qui se passe autour de nous. Et de fait nous réduisons d'autant notre esprit critique à l'égard du monde.

La *presse écrite* semble apporter plus de secondarité réflexive dans notre perception des faits sociaux. Elle

oblige à plus de repli sur soi, un effort pour comprendre, interpréter, entrer dans un style, bref, elle permet de mettre en liaison les émotions élémentaires binaires issues d'un cerveau reptilien, avec l'activité d'un cerveau plus cortical. Elle permet de relativiser, de percevoir les nuances analytiques et d'avoir une perception plus fine de notre environnement. Cependant, les médias écrits ont ceci de particulier qu'ils ne doivent pas trop multiplier les articles de fond s'ils veulent se vendre, et rester dépendants de l'air du temps et des thématiques pouvant intéresser le plus grand nombre, thématiques qui doivent de loin rester en congruence avec l'émotionnel collectif ambiant.

Nous parlions de *pédagogie* à propos de notre exemple statistique et notre dépendance à nos croyances issues d'émotions qui nous traversent. Revenons-y pour illustrer un lieu dans lequel elles ne sont guère prises au sérieux : les apprentissages scolaires. L'acte d'apprendre ne saurait se limiter aux seuls processus cognitifs, et c'est pourtant sur ces seuls processus qu'un enfant est évalué à l'école, tout au moins dans le pays de Descartes. Or les études psychologiques appliquées à la pédagogie démontrent que **la relation entre l'enseignant et l'élève est déterminante dans la réussite ou l'échec d'un apprentissage intellectuel** (*cf.* l'effet Rosenthal et Jacobson, 1968).

Autrement dit, le « transfert », qui pourtant est pris en compte en thérapie comme moteur de progression essentiel d'un sujet, ne l'est pas du tout dans le domaine scolaire. Le récent livre de Peter Gumbel (2010), traitant de la perception des élèves par eux-mêmes lors d'évaluations transculturelles (programme PISA), met en lumière l'effet désastreux que provoque le fait de souligner les failles des élèves plutôt qu'encourager leurs succès. *On achève bien les écoliers*, titre de l'ouvrage, est une expression qui caractérise la pédagogie française dans son essence ; alors qu'ils sont dans une moyenne honorable, les élèves français ont tendance à se dévaloriser face à eux-mêmes, créant ainsi inhibition, pessimisme et tendance à la négation de toute initiative. Seule une petite élite confortée par leur milieu familial y échappe. Résultat : d'un côté les bons, de l'autre les mauvais. **L'école se révèle donc être au total un opérateur systématique de sélection sociale et de reproduction du même, voire d'aggravation des difficultés**, mais en aucun cas un lieu de développement des potentialités de chacun.

En bref, trop mise en avant comme support de manipulation du public dans les médias visuels, l'émotion n'est pas assez prise en considération comme support dans l'éducation intellectuelle des enfants, tant comme support de réflexion dans la relation au savoir, que comme support identificatoire à la relation à l'enseignant. Ce qui la situe hors du pédagogique en général.

Pourtant il existe une relation passion-savoir. Comment se construisent ces objets du savoir ?

7

Émotion et vérité scientifique

L'intellect scientifique et l'émotionnel. Quelle part de l'émotionnel dans les découvertes scientifiques. Les neurosciences, l'émotion et la conscience. L'émotion et le sentiment au centre de la conscience humaine. Les travaux du neurologue A.R. Damasio.

S'il est un domaine dans lequel on ne s'attend pas à trouver d'émotions, c'est bien dans le champ de la science[8]. Et pourtant !

Les scientifiques présentent toutes les caractéristiques d'esprits cartésiens, méthodiques, qui placent les passions

---

8. Nous resterons dans ce chapitre au niveau des hommes et des incertitudes scientifiques, notamment dans le domaine des neurosciences, en évitant les démonstrations scientifiques théoriques. Le lecteur peut passer ce chapitre pour y revenir ensuite s'il le désire. Mais la notion de *vérité* vaut qu'il persévère.

au second plan pour privilégier la vérification par la répétition des expériences.

Arrêtons-nous pourtant un instant sur la notion de *méthode*
sans que notre propos soit trop théorique. La méthode est une
chose, et la démarche pour y parvenir en est une autre. En
effet, dans le champ de la recherche, la mise sous la forme

d'hypothèses implique une véritable passion qui se caractérise par la recherche de la « vérité », de ce qui est habituellement caché au regard. **Rien n'est plus passionnel que la recherche de la vérité.** Le chercheur sait que toute vérité ne se laisse pas dévoiler spontanément, qu'il lui faut poser une problématique, en tirer un questionnement avant que de poser des hypothèses, elles-mêmes fondées sur ces interrogations.

C'est précisément cette problématique qui se révèle la plus infiltrée par les intérêts et émotions du chercheur, de sa communauté, voire de la société dans laquelle il vit. On peut généraliser notre propos par l'assertion que toute recherche de vérité part d'émotions partagées dans un groupe et une communauté. Il n'existe pas de science froide, il n'est de science que d'hommes !

Qu'est-ce qui caractérise l'esprit du chercheur, qui le distinguerait de l'esprit commun ? Certes pas son monde émotionnel, ses passions, comme on vient de le voir. Le véritable scientifique est celui qui définit précisément le domaine de ce qui lui échappe dans le champ qu'il étudie. Qu'est-ce à dire ? Sachant l'état de la recherche dans lequel il travaille, il connaît également ce qu'il reste à découvrir dans le champ qu'il investigue. En somme, il sait ce qu'il ne connaît pas, position assez paradoxale pour l'esprit commun moins passionné par la recherche de vérités, que de privilégier l'ignorance au savoir. Pourtant **le scientifique a plus affaire à l'*ignorance* qu'à la *connaissance*. Connaître, c'est d'abord connaître ce qu'on ne connaît pas.**

AINSI, PRENONS LE DOMAINE QUI NOUS INTÉRESSE ICI, CELUI DES NEUROSCIENCES ET LEUR RAPPORT À L'ÉMOTION.

L'exemple de l'*imagerie mentale* pose ce problème de l'ignorance alors que les progrès sont spectaculaires depuis ces récentes années. Plus nous en connaissons, moins nous en savons sur l'essentiel : la conscience humaine.

Nous parvenons à figurer assez finement les effets de stimulation d'une activité sur les neurones de zones cervicales précises. Selon N.P. Betchtereva, directrice du laboratoire de neurophysiologie de la conscience de Saint-Pétersbourg, nous situons précisément les réactions d'inhibition dans les zones corticales, tandis que les réactions d'excitation se localisent dans les régions subcorticales. Ce que nous savons est que la façon dont le cerveau réagit ou pas s'inhibe ou non lors d'une activité proposée.

Nous savons aussi qu'une intégration totale s'effectue entre le cortex et le subcortex, entre le siège des activités intellectuelles, pour faire court, et le siège des réactions plus émotionnelles du cerveau limbique. Une activité de test donnée excite la partie corticale de façon ponctuelle, alors que la partie subcorticale est en permanence en état d'excitation. Cela confirmerait que nos émotions (issues du subcortex) proviennent d'une activité permanente, alors que nos idées (générées par le cortex) ne sont que des activités plus ponctuelles. Les premières ne nous quittent jamais alors que les secondes nous apparaissent parfois.

Ces résultats et leurs conséquences laissent penser que les émotions sont l'humus sur lequel les idées naissent et parviennent à la conscience. Mais c'est là où le problème de la conscience et de la pensée se pose !

L'auteur reconnaît que ces localisations de nos neurones ne nous disent rien de ce que le cerveau « pense » lors de son activité. Pendant un test, peut-on penser autre chose que ce que nous sommes en train d'exécuter ? Il se produit souvent des états de conscience modifiés qui nous permettent de formuler de nouvelles idées, des conceptions peu accessibles à la seule logique. Là est tout le problème de la conscience elle-même.

C'est ce qui sera aussi souligné par Francisco J. Varela, qui distinguera ce que nous ignorons clairement, l'ignorance directe, et ce qu'une « ignorance oblique », plus subtile, nous amène à supposer sans véritable connaissance, ce qu'il appelle le *mind-mind problem*. Il pose de cette façon le rapport entre le savoir et l'esprit, qui est le produit des « actes mentaux » habituels. Cette ignorance oblique tire ses erreurs de notre propre expérience, notre propre esprit. En bref, **le problème de la conscience a toujours été la pierre d'achoppement des sciences cognitives.**

Le problème du noyau de la *conscience* est aussi abordé par le neurologue Antonio R. Damasio, cette fois clairement en relation avec les émotions. Il répond ainsi en grande partie aux questions relatives à la conscience, quand il démontre que les émotions constituent le noyau même de la conscience humaine et le fondement de la conscience de soi.

Comment naît la conscience est la question de base : plus exactement, par quelle astuce réalisons-nous que nous passons d'un état-1 à un état-2 ? Par un « récit sans paroles » qui nous donne une connaissance de ce qui a été changé en nous. Il en résulte **ce *sentiment de connaître* qui est le noyau même de notre conscience**, la conscience-noyau précisément. C'est un premier compte-rendu en images, non verbal, qui constitue le premier temps de la conscience, le second est la conscience de l'image de l'objet qui en est la cause.

Ainsi se constitue la connaissance d'un premier Soi que l'auteur appelle le « proto-Soi », qui, quand il est en cours de modification par l'action de l'objet, se laisse appréhender par un *ressenti* sensoriel, moteur. Les deux astuces – le terme est de Damasio – sont donc, pour la première, un compte-rendu non verbal, pour la seconde, un sentiment de connaître.

Ce sentiment est par conséquent le tout premier noyau de la conscience, d'ordre émotionnel puis sentimental. Ici doit être apportée une distinction entre *émotion* et *sentiment* : l'émotion est reliée au tout premier récit fait lorsqu'un objet change la situation, alors que le sentiment en est déjà une prise de conscience au second degré que la conscience a d'elle-même.

Avec l'émotion nous sommes dans la situation elle-même, sans recul (on écoute la musique en *étant* la musique), tandis qu'avec le sentiment nous sommes plus à distance de notre vécu, comme dans un « doux murmure fait à l'oreille ». Cependant, la dépendance de cette dernière à l'émotion est telle que si d'aventure le récit émotionnel venait à s'interrompre, comme dans la maladie, la conscience s'arrêterait également. En bref, sans émotion, plus de sentiment possible.

LA CONSCIENCE, LOIN D'ÊTRE UNE FACULTÉ ABSTRAITE, EST AU CONTRAIRE INCARNÉE DANS UN PROCESSUS DE « RÉCIT » ÉMOTIONNEL. Par conséquent notre libre arbitre, faculté de décider en fonction de notre seule conscience, est quelque chose qui dépend largement de notre monde émotionnel. Cette conclusion trouve des applications dans diverses situations : celles dans lesquelles **nous croyons décider en pleine conscience, alors que nous sommes toujours dépendants de nos sens**, sont pure illusion ; ensuite, le fait de mettre des personnes en situation de privation sensorielle ne peut avoir comme effet qu'un appauvrissement de la conscience de soi, comme le souligne J.-M. Quinodoz (1991) qui, psychanalyste, parle d'une « solitude à apprivoiser ». Et sans doute bien d'autres conséquences peu connues encore aujourd'hui dans les domaines éducatif, rééducatif, punitif et autres.

8

Émotion et expression artistique

La littérature comme champ privilégié de l'expression émotionnelle. La littérature fantastique (Maupassant, Poe, Hoffmann, Bradbury). Une éducation critique est souhaitable pour traduire les émotions esthétiques suscitées par l'image (peinture).

AVEC LA LITTÉRATURE S'OUVRE LE CHAMP D'UNE EXPRESSION ÉMOTIONNELLE SANS LIMITES OU PRESQUE. PAR LES MOTS, LES VOYAGES EN IMAGINAIRE ET EN RESSENTI SONT ÉGALEMENT ILLIMITÉS. Inutile d'en faire le panégyrique, car chacun peut à sa guise choisir l'œuvre qui le fera réfléchir, voyager, agir à travers ses héros. Les verbes que nous employons sont ici des verbes d'action, tellement l'émotion, le ressenti, l'éprouvé, sont intimement liés au corps, à l'agi.

Nous rejoignons ici un des grands psychologues de l'enfance, Henri Wallon, qui jadis décrivait la pensée comme

une action intériorisée, une action en soi. Écrire c'est donc aussi agir et se déplacer avec d'autres, évoluer dans des horizons virtuels. Autrement dit, faire correspondre la réalité imaginaire à ses propres émotions.

Un bon livre est une œuvre qui, au-delà de la langue écrite, permet de réveiller une large palette émotionnelle, autorisant la projection des fantômes de chacun sur des héros, à l'instar des tests projectifs en psychologie. C'est sans doute pour cette raison qu'une bonne œuvre écrite ne donnera que rarement une adaptation filmique équivalente, le monde imaginaire de chacun restant toujours la meilleure adaptation de l'œuvre.

Un bon auteur est donc celui qui se laissera apprivoiser par les émotions de chacun, on commencera à l'apprécier, le goûter, l'incorporer, le digérer – métaphores d'un corps assimilant s'il en est – dès qu'on dépassera les difficultés du style pour entrer dans un monde émotionnel qui nous paraîtra naturel et fluide. **Nous passons ainsi du discret au continu, du langage au ressenti.** Qui n'a pas d'abord buté sur le style d'un Shakespeare, éprouvé tout d'abord comme hermétique, pour ensuite se laisser emporter par les propos outranciers et poétiques de personnages nous invitant à entrer dans la danse d'une intrigue qui soudain nous rend captifs? **Sans cette captation émotionnelle, pas de sens possible pour soi.**

Dans ce domaine encore, nous prônons que la perméabilité entre l'émotion et la pensée engendre les meilleures œuvres. Jamais débridé et sans règles précises, mais également jamais trop formel et conceptuel, un roman nous emportera. Quelque chose qui aura un lien avec notre étrangeté en même temps qu'avec notre pensée: un Shakespeare flirtant avec la mort et la figure du père revenant dans Hamlet, l'amour entre contraintes sociales et son absolu menant à la mort, nous conduisent naturellement à apprécier la littérature fantastique qui a systématisé cette limite entre l'étrange et le réel, entre l'inconscient et le perçu, amenant progressivement le lecteur à admettre des sensations et des sentiments improbables, au travers de récits-contes.

Nous pensons à des auteurs tels que Guy de Maupassant évoquant la *Chevelure*, à Edgar Allan Poe et sa *Lettre volée*, Hoffmann et son *Homme au sable*, Ray Bradbury et ses *Chroniques martiennes*, et plus proche de nous, Dino Buzzati avec *Le Désert des Tartares* ou *Le K*. Autant d'œuvres qui nous ressourcent à l'aune d'émotions auxquelles nous accordons crédit dans toute leur improbabilité bien que reliées à une réalité très familière. Pas de délire science-fictionnel, mais également pas de raisonnement déterministe. Juste entre les deux, à la limite de la *ratio*, les sens sont saisis à la fois par le style et l'intrigue.

DU CÔTÉ DES ARTS PLASTIQUES ET DE LA PEINTURE, C'EST AUSSI LE STYLE QU'IL FAUT SAISIR AVANT QUE D'ENTRER DANS L'ŒUVRE. Le style faisant l'homme dit-on, il constitue une clé d'entrée dans l'éducation artistique, ici picturale. Cependant, les images nous environnent tellement en surabondance qu'elles font écran à une telle éducation aux styles picturaux. **Un**

tableau n'est pas une image, mais la projection de toute une vie, celle de l'artiste, même si souvent « on n'y voit rien », pour reprendre la formule ironique de Daniel Arasse. On peint avec son corps comme le montrait ostensiblement Picasso dans un film documentaire dédié à son parcours. Et **le corps, c'est surtout une histoire des émotions qui l'ont traversé, histoire incarnée certes, mais aussi histoire tout court.**

Paradoxe des paradoxes, c'est l'expression picturale qui rencontre le plus de difficultés à être appréhendée par tout un chacun sur le plan d'une éducation au style, alors que nous sommes environnés, saturés par les images et les graphismes. Pierre Rosenberg, critique d'art, prétend que l'éducation est précoce dans ce domaine, ou n'est pas ; ainsi, si une personne n'est pas entrée dans un musée avant l'âge de vingt ans, elle n'y entrera plus jamais ensuite ! Cette « empreinte » éducative serait à ce point ultérieurement non corrigible ? Certes, si nous restons collectivement passifs ensuite. On peut en conclure que si le visuel est le sens le plus sollicité, il est saturé de signes qui sont peu approfondis par des styles, des traces que l'homme laisse de son humanité. Que seront les caractéristiques du style de la production picturale dite « postmoderne » pour les anthropologues des siècles à venir ?

Revenons au monde du travail: quelle place est alors accordée au climat émotionnel dans le travail, et plus généralement face aux pouvoirs?

9

L'émotionnel et les pouvoirs

Les émotions permises et celles qui ne le sont pas. La maîtrise par les pouvoirs de l'expression des émotions fut de tout temps. Dans les situations de harcèlement, la répression et la confusion des émotions sont la source de graves dommages psychiques. Cette pathologie du lien est très ancrée au cœur des relations habituelles, révélées par les contextes mêmes.

Nous sommes loin de pouvoir mesurer les dommages causés à l'homme quand il n'est pas en mesure d'exprimer ses émotions d'une façon ou d'une autre. Tout pouvoir qui dure – démocratique ou pas – le sait, qui relâche son emprise sur les individus quand son intérêt l'y conduit. **Toute répression d'un pouvoir est toujours une répression des émotions collectives, bien plus que des idées proprement dites.** Cependant, le refus de connaître l'expression émotionnelle individuelle ou collective mène immanquablement à la fracture (collective) et la maladie (de la personne). Sur le plan des groupes et des états, nous ne nous attarderons pas sur l'impasse que constitue la surdité d'un pays qui en dominerait un autre sans tenir compte de l'état d'esprit des dominés. Tôt ou tard, ces derniers se libèrent d'une telle tutelle.

Sur le plan individuel, nous voyons surtout au quotidien les dégâts psychiques d'une manipulation-répression des

ÉMOTIONS DANS DES SITUATIONS DE HARCÈLEMENT MORAL DANS LES MILIEUX DU TRAVAIL. Il s'agit ici moins d'un pouvoir statutaire que d'un pouvoir d'emprise. Avant même de connaître une situation de harcèlement, elle nous est connue par les émotions pénibles qu'elle suscite chez la personne harcelée.

Si les faits semblent pouvoir être dépassés par une solution de mutation professionnelle de la personne, voire parfois une promotion, **les émotions sont par contre toujours au rendez-vous chez le sujet très longtemps après le harcèlement.** Comme une cicatrice qui ne se referme jamais vraiment, l'émotion est sans cesse réveillée dans la relation aux autres : devoir rendre des comptes sur des peccadilles, se sentir jugé sur des plans privés autant que professionnels, surtout ne jamais être sûr que nos actes sont acceptables au regard des autres. Ainsi le harcelé aura tendance à rejouer un appel au harcèlement avec d'autres personnes s'il n'entreprend pas un travail de compréhension de ces mécanismes personnels. **Plus qu'une humiliation de la personne, le harcèlement procède donc d'une véritable destruction de la *conscience de soi*.** Ces sentiments portent atteinte à l'idée même d'identité personnelle, aux limites entre soi et les autres. Cette réactivation affective empêche tout oubli, comme solution souvent prônée par les proches.

LA CONFUSION DES ÉMOTIONS CONSTITUE AUSSI LA BASE DE LA DÉGRADATION IDENTITAIRE : LE SUJET FINIT PAR NE PLUS SAVOIR S'IL DOIT EFFECTUER UN TRAVAIL DE TELLE OU TELLE FAÇON POUR OBTENIR L'ASSENTIMENT DE SON SUPÉRIEUR, SA RECONNAISSANCE, LE LAISSANT AINSI DANS UNE DÉPENDANCE AFFECTIVE IMPORTANTE DONT IL IGNORE L'ISSUE EN PERMANENCE. Ce *besoin de reconnaissance* est habituellement toujours implicite à tout travail et implique autant la sphère émotionnelle que cognitive, et le harceleur choisira souvent une personne qui est très impliquée dans sa fonction, donc compétente et dont le profil va au-delà de ce qui est demandé pour la fonction occupée. C'est précisément cette compétence qui déstabilise le harceleur et qui lui fait brouiller les cartes dans les consignes qu'il présente à sa victime.

Quels buts poursuit un harceleur, dont l'origine est aussi un malaise chez lui ? **Le but de tout harceleur est de créer une *relation paradoxale* qui ne permettra pas à sa victime de clarifier la situation en termes professionnels.** Il provoquera des situations dans lesquelles deux émotions contradictoires seront vécues alternativement, voire simultanément : l'encouragement (la satisfaction) et la critique (la dépréciation), ou bien la flatterie puis l'humiliation, l'admiration pour un travail bien fait puis la déception concernant certains aspects de ce travail. Souvent, ce sera

le décalage entre le message délivré et le ton ou la mimique exprimée (le non-verbal). Dans tous les cas, l'objectif sera *l'infantilisation et la culpabilisation* de sa victime. Quelle issue pour cette dernière? Dans la relation duelle, le seul recours sera présenté par le harceleur lui-même, qui souvent se désignera comme le sauveur unique (avec gratitude attendue), et en même temps comme un juge tout-puissant (culpabilisation, humiliation), enfermant ainsi la personne dans une relation dont elle aura le plus grand mal à sortir.

Pour s'en sortir, la démarche est double :

- S'entretenir avec des tiers de ce malaise, ce mélange d'émotions contradictoires qui se vivent simultanément, *même si l'objectivité de la situation conflictuelle n'est pas (encore) établie*, car le conflit est généralement nié par le harceleur lui-même, qui préférera faire porter sur la personnalité même du harcelé la responsabilité de son malaise (fragilité, paranoïa, problèmes privés, dépression, etc.).

- Parler de ces émotions elles-mêmes pour s'en dégager ; en effet, toute situation de harcèlement débute toujours par une *confusion des émotions* induite chez la victime, inhibant ainsi sa capacité d'analyse, ses tentatives d'éclaircissement de la relation. Par conséquent, exprimer ses émotions relève de la première urgence pour se dégager sur le plan cognitif et ainsi poser clairement *l'objet réel du conflit possible*.

Nous pouvons alors nous demander pourquoi de telles situations sont rendues possibles, pourquoi elles ne sont pas évitables entre deux personnalités qui au demeurant apparaissent socialement adaptées ? La réponse tient dans les faits suivants :

- Tout message est à double entrée : cognitif *et* émotionnel. Identifier ses émotions permet donc de les rendre cohérentes avec le message manifeste d'ordre cognitif.
- L'émotion a aussi la particularité de pouvoir être perçue immédiatement sans la médiation du langage.
- Elle est en général reçue directement dans une relation pathologique comme venant confirmer une gêne, un mal-être interne chez le sujet harcelé. C'est ce mal-être que perçoit le harceleur et qu'il exploitera dans la relation. La violence du harcèlement procède donc d'une interaction émotionnelle qui est d'ordre préconscient.

ON POURRAIT DIRE QUE CHAQUE PROTAGONISTE A « BESOIN » DE L'AUTRE POUR FAIRE FONCTIONNER LA RELATION. **Ce côté exclusif de la relation, c'est ce que perçoivent en général les tiers, ignorants de l'*emprise* qui y préside.** Or c'est cette emprise qu'il est difficile de démontrer aux tiers précisément. Où commence-t-elle ? Quelle est sa nature ? Qui l'entretient dans l'interaction ? Existe-t-il de la « complaisance » ? Une prédisposition psychique à être victime de cette emprise ? Où commence le privé et où finit le professionnel ?

La position d'auteurs tels que Marie-France Hirigoyen, ou à moindre degré Pascale Molinier, souligne la nécessité d'approcher le problème de façon à éradiquer une *patho-logie du lien social* sévissant dans les milieux collectifs du travail, mais aussi les organisations et tous les lieux de pouvoir, incluant la famille. Notre opinion est tout autre. Nos observations nous ont montré que, sans banaliser ces situations, cette « pathologie » sociale s'infiltre peu ou prou dans *toute relation*, au point que **l'attention doit être portée sur le risque pour chacun de verser dans un rôle de harceleur en toute bonne foi, *versus* harcelé également de ce fait.** Les attitudes d'autorité sont légion qui font primer les impératifs de service comme des processus professionnels dont les « n+1 » se sentent investis comme garants d'une bonne exécution d'objectifs établis. Pris eux-mêmes dans de telles obligations de rentabilité, la préservation de la relation – comme devant être le cœur du management humain – ne devient plus une priorité, de secondaire elle finit par être ignorée.

LA NON-PRISE EN COMPTE DES MOYENS DE MANAGEMENT PERMET DE TELLES PRATIQUES, EN PRIVILÉGIANT LES SEULS RÉSULTATS DE RENTABILITÉ. Il est par conséquent des organisations plus que d'autres dans lesquelles des pathologies personnelles peuvent éclore dans un *climat émotionnel* particulier. **On peut ainsi dire, dans une perspective systémique, que certains contextes organisationnels sont facilitateurs**

et inducteurs de pathologies. Peut-on encore parler dans ce cas de pathologies individuelles *stricto sensu* ? Ne devrait-on pas plutôt parler de *pathologies induites* par les organisations et aggravant les liens morbides ?

Nous conclurons, avec conviction, que soigner les individus — chose indispensable certes — n'enraye pas pour autant les conditions de production de leur pathologie. Nous le savons depuis fort longtemps avec Ronald Laing, spécialiste des familles à « nœuds » pathologiques. Harceleur et harcelé, ici cela n'implique pas qu'ils puissent l'être nécessairement dans un autre contexte. Adopter ce regard systémique (faisant jouer les effets de contexte) permet un réel *changement* des personnes au sein des groupes dans lesquels elles agissent. Cela évite également qu'elles soient fixées dans une identité permanente et une étiquette pathologique définitive. Évitons donc une attitude essentialiste qui enfermerait ces sujets, harceleur et harcelé, en leur offrant la possibilité d'un réel changement.

Conclusion

Dépasser les blocages émotionnels pour affronter la vie. Mais il existe des exceptions allant d'une incapacité à exprimer à un excès d'expression. Un esprit critique basé sur l'émotionnel permet de développer une citoyenneté plus éclairée, faire front à la croyance, la rumeur.

LE MONDE DES ÉMOTIONS EST DONC TRÈS VARIÉ, SOLLICITANT TOUTES LES DIMENSIONS DE L'ACTIVITÉ HUMAINE. Il est indispensable pour que se développe cette activité elle-même. Sans passion scientifique, sans art, sans irrationalité, sans ignorance reconnue, une civilisation ne peut se confronter à elle-même et se développer. Il est donc urgent de libérer les expressions émotionnelles comme condition d'une évolution personnelle et sociétale. Mais il y a émotions et émotions. Comment mettre en sourdine les négatives et au contraire encourager les plus indispensables ?

Tout d'abord, comment exprimer tout simplement nos émotions et leur faire jouer le juste rôle auquel elles sont destinées dans la vie de chacun? Nous avons vu combien il est fondamental d'exprimer un sentiment de culpabilité, un sentiment de confusion émotionnel dans les milieux du travail, un complexe d'infériorité et d'incompréhension à l'école, enfin un sentiment de vide existentiel chez les personnes coupées du monde par la maladie ou l'enferme-ment. Le risque est souvent d'amputer notre vie, voire d'en mourir. Tout cela devrait être découragé pour permettre aux personnes de progresser dans leur curiosité intellectuelle, ou simplement socialement.

Par exemple, quand le fameux coefficient émotionnel (QE) sera-t-il officiellement retenu à l'entrée des grandes écoles et aux recrutements professionnels pour retenir nos futurs cadres de demain, en évitant de promouvoir des responsables sur les seuls critères techniques ? Il se heurte pour l'heure aux tenants de la volonté individuelle, du « si je veux, je peux » et finalement d'une identité inexorablement figée de la personne humaine.

En bref, une telle attitude relève d'un essentialisme philosophique qui depuis longtemps a fait ses preuves, plus que négatives, dans les relations sociales, en confondant vie émotionnelle et infantilisme. Ce sont les mêmes qui demandent à un chef de « laisser la vie privée au vestiaire », de n'entendre que les arguments « carrés et cartésiens » – faisant dire au passage à Descartes ce qu'il n'a jamais pensé –, et finalement de rester sourds à tout ce qui n'est pas processus technique, le fameux *process*. On a vu les résultats de ce management autoritaire et technocratique sur le plan des hommes (suicides, dépressions, etc.).

On nous objectera encore que tout le monde n'est pas doté de la même capacité d'expression émotionnelle, que les femmes sont probablement les mieux placées sur ce plan, créant ainsi une inégalité de fait. Ce qui est sans doute pertinent. Nous voilà par cet argument confrontés à un problème de constitution originelle inégale qu'il y a lieu de considérer.

Certes, il existe des personnes qui ne peuvent pas lire leurs propres émotions et celles des autres – les *alexithymiques* –, décrites comme froides, terre-à-terre, somatisant leur souffrance, mais elles sont le résultat pour beaucoup d'entre elles de pratiques scolaires et sociales qui les ont menées à forger ou renforcer cette incapacité. Et puis, une minorité de personnes ne créent pas un obstacle à une nouvelle perspective éducative en la matière.

Plus importantes en nombre sont les personnes souffrant d'excès d'expression émotionnelle, les *hystériques*. Ces personnes ne peuvent se vivre autrement que sur le mode de l'excès dans leurs relations aux autres, mettant donc en avant des modes émotionnels de type histrionique dans leur forme psychiatrique avancée. Se vivant comme très peu considérés, ces sujets amplifient l'émotion jusqu'à en faire un mode de communication privilégié, théâtralisé, signant ainsi un manque de confiance en soi, et un sentiment de vide intérieur qui ultérieurement fera naître une tenace rancune. Certes, c'est une affection névrotique assez bien partagée par une partie de la population généralement féminine – mais pas exclusivement –, pourtant ce biais sociologique ne devrait pas faire oublier que l'intelligence cognitive a aussi son mot à dire, sans que nous versions dans le tout-émotionnel.

Par conséquent, **ni le manque d'expression ni son excès ne devraient minimiser la nécessaire prise en compte des émotions dans les processus intellectuels fondamentaux**. L'école « à la française », pour revenir sur cet exemple frappant, est un lieu bien étrange dans lequel les émotions qui sous-tendent les apprentissages sont largement sous-estimées (P. Gumbel, 2010) – et cela ne va pas aller en s'arrangeant avec la réforme récente de la formation minimale, voire inexistante, de professeurs d'école –, vierges de toute pédagogie, sortant de l'université. Or **l'homme est essentiellement un être émotionnel, y compris dans ses activités intellectuelles les plus scientifiques**.

PAR AILLEURS, DANS D'AUTRES HORIZONS, IL Y A LIEU DE SE MÉFIER D'UNE INSTRUMENTALISATION DE CET HOMME ÉMOTIONNEL, notamment dans les émergences politiques (discours électoralistes, petites phrases compréhensives, allusions à la quotidienneté familière) ainsi que dans la création des *croyances* collectives, des *rumeurs* et *légendes urbaines*. Ces dernières fonctionnent comme des informations douteuses, mais surtout comme le résultat de *sélections de récits* qui s'adaptent essentiellement aux intérêts émotionnels et irrationnels d'un groupe ou une société, remplissant ainsi une fonction sociale dès leur origine (G. Bronner, 2011). La manipulation de ces croyances et rumeurs servirait ainsi un certain ordre social par un processus d'adjonctions et d'amputations d'informations successives autour de faits primitivement objectifs.

Finalement, il est certes difficile de trouver une bonne mesure entre excès et manque émotionnel, entre informations raisonnables et rumeurs servant des intérêts sociaux, mais **il est encore plus difficile de retrouver le sens d'une éducation à la citoyenneté en faisant fi des émotions. Ne pas en tenir compte, c'est passer à côté de l'humanité,** mais en même temps, en faire l'humus de politiques électoralistes, c'est verser dans le populisme démagogique le plus extrême. Souvenons-nous de ce qu'on appelait jadis la « peste émotionnelle » manipulée par des régimes totalitaires. La seule raison ne gouverne pas le monde, et si cela était, il n'existerait tout simplement pas de gouvernement. Et puis la raison n'est-elle pas fille des émotions ? Pour le pire et le meilleur, nous sommes donc liés à nos émotions, et en faire fi, c'est faire que l'être humain encoure les plus grands risques, personnels et collectifs.

Bibliographie

Arasse (Daniel), *Histoires de peinture*, Paris, Gallimard, coll. « Folio-essais », 2006.

Blanc (Nathalie), *Quand l'émotion parle à la cognition*, Paris, In Press, coll. « Concept-psy », 2006.

Bronner (Gérald), « Comment "fonctionnent" les rumeurs ? », *Sciences et pseudo-sciences*, AFIS, juin 2011, pp. 87-93.

Brusset (Bernard), *Clinique et théorie des émotions*, colloque universitaire René Descartes, Paris V, 2005.

Cottraux (Jean), *Thérapie cognitive et émotions*, Paris, Masson, coll. « Médecine et psychothérapie », 2007.

Damasio (Antonio R.), *Le Sentiment même de soi. Corps, émotions, conscience*, Paris, Odile Jacob, 1999.

— *Spinoza avait raison, joie et tristesse, le cerveau des émotions*, Paris, Odile Jacob, 2003.

GOLEMAN (Daniel), *L'Intelligence émotionnelle*, New York, Bantam Books, 1995, Paris, Robert Laffont, 1997.

GREEN (André), *Le Discours vivant. La conception psychanalytique de l'affect*, Paris, PUF, 1973.

GUASCH (Gérard) et FILLIOZAT (Anne-Marie), *Aide-toi, ton corps t'aidera*, Paris, Albin Michel, 2010.

GUASCH (Gérard), *Quand le corps parle. Pour une autre psychanalyse*, Vannes, Sully, 2002.

GUMBEL (Peter), *On achève bien les écoliers*, Paris, Grasset, 2010.

HIRIGOYEN (Marie-France), *Le Harcèlement moral*, Paris, Pocket, coll. « Évolution », 1999.

IACUB (Marcela) et MANIGLIER (Patrice), *Antimanuel d'éducation sexuelle*, Paris, Bréal, 2005.

JEAMMET (Nicole), *La Haine nécessaire*, Paris, PUF, 1989.

MILGRAM (Stanley), *Soumission à l'autorité*, Paris, Calmann-Lévy, 1994.

MOLINIER (Pascale), *Les Enjeux psychiques du travail*, Paris, Payot, coll. « Petite bibliothèque Payot », 2008.

PARAT (Catherine), *L'Affect partagé*, Paris, PUF, 1995.

QUINODOZ (Jean-Michel), *La Solitude apprivoisée*, Paris, PUF, 1991.

ROSENBERG (Pierre), *Dictionnaire amoureux du Louvre*, Paris, Plon, 2007.

Rosenthal (Robert) et Jacobson (Lenore), *Pygmalion à l'école*, Paris, Casterman, 1994.

Salvy (Gérard-Julien), *Cent énigmes de la peinture*, Paris, Hazan, 2010.

Sureau (Ayyam), *Qu'est-ce qu'on ne sait pas*, Paris, Gallimard, coll. « Découvertes Gallimard », Unesco, 1995.

Tisseron (Serge), *Vérités et mensonges de nos émotions*, Paris, Poche, 2010.

Varela (Francisco J.), *L'Inscription corporelle de l'esprit*, Paris, Éditions du Seuil, 1999.

Table des matières